# DASTOOR

## A POETRY BOOK

## ZAHEEN NISHAT

# Contents

# 1. khudgarz

arsh pe baitha khuda bhi sochta hoga .

mere hote huy bhi . na jane kitne khuda ban baithey hain farsh pe .

khud ko paak samajhte hain lo .daman pe na jane kitne daag liye firte hain .

har shaqs ho gya hai khudgarz itna . ki bss apni hi tabbsssum ki fiqr liye firte hain .

khud ke faisle se ate hain log. khud ke faisle se jate bhi hain.

kya sochna ika jaan yahan log sirf azmate hain.

# 2. abaad aur barbaad

• 2 •

har khaab adhura hau tere jaan e ke baad . tune apni duniya kr li hai mujhe chir jane ke baad .

hazar khubiyan kon dekhta hai rishte tod diye jate hain yahan ek galati ke baad .

jab se kaha alvida maine tujhe kr liya hai maine khud ko barbaad

khushiyan ayengi

aisa sochna chor diya hain maine tere chor jane ke baad .

zamane ko umeed abtak hai main kr lungi main apni zindagi abaad .

unhe kon batay ki kar rhe hai hum roz khudko tere khatir barbad .

# 3. shaam

• 3 •

``bahut farq hai shahar ke sham mein .

hr koi anjan lgta hai is sahar ke sham mein .

sukoon milta nhi hai es shahar ke kisi bhi kaam mein .

na yahan nadiyan hain na hi kheten hain .

ek bechani si hoti hai es shahar ke sham mein .

ek sukoon sa milta hai apne gaon ke naam mein .

dar lagta hai mujhe ki main bahak na jon in shahar ke kaam
mein .

main hoon toh ise shahar mein . magar mujhe sukoon milta
hai apne gaon ke naam mein .

yahan na koi meri pehchan hai na koi kaam . ek baat achi hai
meri gaon ki .

ye ki mere gaon mein meri pehchan meri wajood bassi hai
mere walid ke naam mein .

# 4. tere liye

ye nazm ye shayari ye gazal .

jo likhen hai maine tere kiye.

ye kahaani hai tere ausaafiyat ki .jo ek sade qirtaas pe likhen

hain maine tere liye .

na jane ki jihat pe chal padi hun main tere liye .

na fiqr hain apne tahaffuz ka .

khud-sar si ho gyi hun ay-dil-nihaad tere liye .

na kr mujhpe dedaad is khadar .

tark kiyen hain maine rishton ko tere liye .

# 5. sab kuch ek khaab tha

`` tum mile aur talash khatam hua safar kuch yun asan tha mera .

chalo chalte hain milo dur wahan . jahan jana khaab tha tumhara .

ke chor gye adhe raste pe .ye harkart tumhe zeb deta nhi tha.

ek dafa mere nazar tere ankho pe padi thi, jahan mujhe bss fareb hi fareb dikha tha .

mujhe us lamha hi yaqen ho gya tha .tu sath chor jyga mera bich raah mein .

tera milna, tera mera hona , tera vo der raat talak baat krna, tera intezar krna

achnk meri nind khuli aur pata chala , sab kuch ek khaab tha

..................

# 6. fareb-e-mohabbat

``socha tha ise fareb-e-mohabbat mein pad na nhi hai maine .
dekha us hujoom mein tera chehra apna irada badal diya
maine .
tamaam wade tod dalen maine chnd lamho mein jo maine
apne zaat se kiyen thy.
mohabbat fareb makkari dhokha aziyat ki dusri shakal hai aisa
mera dimag samjhaya krta tha mere dil ko .
ab unlogon ki raay galat lgne lgi hai mujhe jinke raay mujhe
khudki raay ke agy shi laga krte thy
ab vo mousam bhi ache lgne lgen hai jo kabhi bure logte thy .
na jaane kitni tabdili ayi hai tere ane ke baad .
na jaane kitne tootenge hum tere chorne ke baad ..............

# 7. uljh si gyi hai zindagi

•7•

uljh si gyi hai zindagi uljhe huy dhaage ki trha .

na koi suljhane wala hai na kisi ne ana hai.

na krna koshish bhi mujhe suljhane ki .

suna hai uljhe huy dhage bhi toot jate hai suljhane ke dauran.

mai uljhi huyi bhi kamaal lgti ho har ek shaqs ko .

maine suna ye bhi hai ki uljhe huy log rishte nibhatr dil se hain

inke do chehre do kirdaar nhi hote .

kyun na uljhe zindagi kisi ki . log yahan zarurt ke tahat rishte nibhate hain

main toh samjha lungi khudko ye keh kr ye zindagi hai yahan aisa hi hota hai .

# 8. shor-e-bagawat

- yahan ke shor-e-bagawat se siyasat darti hai.
- ye mera desh hai aur main es se chor kar kahin nhi joungi
- ye keh kar na ane kitne mard mojahid sadkon pe utre hain
  .
- na fiqr apne ghar ka hai na dar es waqtiya firoun se .
- lekr zuban pe inqalaab aur sine mein mohabbat-e-watan
  ayen hain

# 9. khaab tumhare

haar jate hain paison ke agy khaab tumhare . kah do in khaabon ko na aya kre khabbon mein tumhare .
kah do apni ankhon se ki meri hasiyat nhi hai ki main kr sakun pure khaab tumhare .
is matlabi duniya mein masroof rahte hain log .
kahn se dekhenge ankhon mein ansoo tumhare .
tum jo apni ankhen band karte nhi ye soch kr .
kahin wapis na aajay wahi khaab ankhon mein tumhare .
mere ustaad kahte hai khuda janta hai tumhari rooh ki takleef ko tumhare wahi krega dur isse .
m jhukna khuda ke agay wahi krega adhure khaab ko pure tumhare.

# 10. tera chehra......

jo dekha asmaan mein tera chehra nazar aya

jo socha tere bare mein sabkuch dhundhla nazar aya .

jo socha mohabbat dobara krne ka tera diya azeeyat yaad aya .

jab bhi chaha maine tujhe bhol jane ka .

mere gaaliyon mein tu hasta nazar aya .

baat ye bhi hai ki main akhir tujhe bholti bhi to kaise .

haar shaqs ke baaton mein mere baad tera zikr aya.

log jab bhi dekhte tujhe mahfilon mein . mujhe kaha krte thy

vo dekh tera mohabbat tere samne aya .

khuda janta mohabbat kiya kitna . fir bhi na aya ishq hisse

mere.

# 11. teri gali

teri gali mein jana chor diya maine . tu ne ye gaon kya chora maine jeena chor diya .

tere mohabbat mein maine har ek azeeyat ko maine teri mohabbat samjhkar maine seene se lga liya

mohabbat mein maine zamane bhar ke dushmano ko . apna samjh kr chor diya .

jab hua ahsaas hua tere diye huy hazar zakham aur ilzam ka .

aur fir maine tujh pe marna chor diya .

mujhe tere hone ke ahsaas se mohabbat thi . soch zra meri jaan meri zindagi mein tera kya muqam tha .

diya tumne azeeyat itna maine jeene chor diya.

# 12. badal jao na

zamana badal gya hai tumbhi badal jao na .

agar galat lage meri baat toh zamane ko azmao na .

ke tum ujad ghy meri hasti ko jaana . kabhi inhe bhi mud kr dekhne aao na .

azmate ho mere zapt ko kabhi meri mohabbat ko bhi azmao na .

ye zamana mujh se kehta hai tum nhi ho mere . tum khud aakr inhe yaqeen dilao na .

ye log kehte hain tum ho kisi aur ke . kya sach hai tum hi aakr mujhe batao na .

zamana badal gya hai tumbhi badal jao na...........

# 13. tum aao na fir ussi gaon mein .

tum aao na fir ussi gaon mein milne hum sab se.

ankhen taras ghyin hain tumhe dekhne ko na janekab se .

tumhare haq meinduaen krti hain ye galiyan ye nadiyan,

parinde, baagon ke phool zameen , asmaan .

khariyat poochti hain kab ayenge shaheen-e-ejawan milne

humsab se.

ke tere khadm rakhte hi khil jyengi .

kaliyan vo sari jo kr rahi hain intezar tere ane ka

kabse...........

# 14. Ruposh

karke wada yun ruposh ho jana teri fitrat toh na thi
maine dafan kr diyen tere sath dekhey khaab saare.maine
kahaani suni hai khud-sar hone ki.
waise mujhe yaad hai vo lamha .tune jo diyr thy
guldasta-e-gulposh .
wahi toh mujhe rakhte hain tere yaadon mein .
tere jane ke baad mujhe kuch khass farq na pada meri jaan
bss muskurana bhul gyi hun main .
main tumse shikayat bhi krti toh kis haq se .
tumne koi haq bhi to nhi diya mujhe..........

# 15. Lamha.

• 15 •

vo lamha yaad hai mujhe jab maine tumhe dekha tha .

us bheed mein maine tumhare aankhon ko dekha .

mujhe aitebar nhi hua jo kch maine dekha tha .

magar dil ,wqt, halat sab kehne lgen kr lo aitebar jo kuch

tumne dekh hai.

teri ankhon mein maine vo har baat padha tha jo main

sochta nhi tha .

maine tere sath rah kr vo kuch dekha hai jo main dekhna nhi

chahti thi.

tere na hone pe bhi maine tujhe apne ass pass mahsoos kiya

hai.

maine tere sath wafa aise kiya hai jaise khuda apne bande ke

sath...

# 16. DO CHEHRA

MUJHE JISKE WAJOOD SE BHI MOHABBAT THI
MAINE USKA BHI DO CHEHRA DEKHA HAI .
NA HOGA AB AITEBAR JAANA YAHAN HAR KISI KO
MAINE RANG BADALTE DEKHA HAI .
AJ MERA TOH KAL KISI AUR KA HOTE DEKHA HAI.
AUR FIR MAINE KHUD KO USKE LIYE TADAP TE
DEKHA HAI.
KON KEHTA HAI PAHCHAN EK DAFA HOTI HAI .
MERE RAG RAG SE WAQIF US SHAQS KO MAINE
ANJAN HOTE DEKHA HAI .
MUJHE ADAT THI USKI SHIKAYAT USSI SE KRNE KI
.

KAL SHAAM MAINE JISKO MERI HI SHIKAYAT GAIR
SE KRTE DEKHA HAI.
NA KRNA MOHAABBT YE BADI BURI CHEEZ HAI .
MAINE MOHABBAT MEIN LOGON KO MARTE
DEKHA HAI.

# 17. QALB-E-JAHAN

ABTAK VIRAAN HAI QALB-E-JAHAN . JISKO NA
CHAHTE HUY BHI KR BAITHE THY TERE NAAM .
YEH JAHAAN JANTA HAI TU NA HO SAKE GA MERA
.

FIR BHI NA JANE KYUN PUKAARTA HAI .
MUJHE HAR KOI TERE NAAM SE BAHRI
MAHFILLON MEIN SAR-E-AAM
AKSAR LOG SAMGHA JATE HAI ESMEIN SIRF TERA
NUQSAAN HOGA.
FIR BHI KAR RHI HUN MOHABBAT EK -TARFA
KHUDA JANE KYA MERA ANJAAM HOGA.

# 18. 10 BEST TWO LONES POETRYS

1.

HOTA AGAR MERE BAS MEIN DIKHATE TUJHE
ZAKHAM-E- ALOOD

VO DEKH HO TU KAR LETA MOHABBAT MUJHSE
.MOHABBAT NA HONE KE BAWAJOOD.

2.

MERE HISSAY AYA BASS MATAM-E-HAYAT
TERE ISHQ NE MUJHE KHAAK KA NA CHORA.

3.

TU BHI MERI JHOOTI MUSKAN NA PEHCHAN
SAKA .

MAHAZ WEHAM THA MERA KI TU DUNIYA SE
JUDA HAI..

4.

KABHI KHAABON MEIN TUM AAY KABHI
KHAABON MEIN TUM AAY .

AUR ESI TRHA HAR RAAT YAAS TUM AAY.

5.

NA JAANE MOHABBAT MEIN DIL FARISHTA KAISE
BAN JATA HAI .

HAR BAAT KI ITILA PEHLE HI DE JATA HAI .

6,

TERE HOTE HUE SOCHA KARTE THY HUM TUJHE
CHOR DENGE HUM .
TUJHE CHORA HAI TOH AB LGTA HAI RO DENGE
HUM.

7.

NIGAAH MEIN TERI JO DEKHA HUMNE .
TAIRAAK THAY FIR BHI DOOB GYEN HUM.

8.

KHUDA TUJHE MERE QAREEB BHI TAB LAYA
JAB DIL MEIN TERI JAGHA NA THI.

9.

MAANA GULAB THY HUM .
TUMNE SACH MEIN TOD KE BIKHER DIYA .

10.

NA JAANE KITNE DOOBE HONGY IN ANKHON
MEIN .
APNI HOSH UDA DENE WALI ADA KO ZARA QAID
KARKE AYA KRIYE MAHFILLON MEIN .

.